喝汤喽，

我们开始喝美味的汤喽！

啊！

小老鼠把汤撒了，

撒到肚子上了。

我帮你擦一擦吧。

来，擦一擦，擦一擦！

哎！

小兔子也把汤撒了，

撒到小手上了。

我帮你擦一擦吧。

来，擦一擦，擦一擦！

哎呀，哎呀！

这回小熊又把汤撒了，

撒到小脚丫上了。

我帮你擦一擦吧。

来，擦一擦，擦一擦！

痒痒，痒痒！

啊，太好喝了！

大家的盘子都空了！

哎哟，又是谁把汤喝到嘴巴上了？

来，擦一擦，擦一擦！

嗯，我吃饱了！